INVENTAIRE
Ye 17,763

LE CHANSONNIER

DU

BEAU SEXE.

RECUEIL

DE ROMANCES, ARIETTES, RONDES, ETC.
TIRÉES DES OPÉRAS LES PLUS NOUVEAUX.

AVIGNON,

Chez PIERRE CHAILLOT Jeune, Place
du Palais.

1829.

LE CHANSONNIER
DU BEAU SEXE.

ENFONCÉS,

Enfoncés, *bis*.
Dit-on de ceux qui sont pincés ;
Enfoncés, *bis*.
C'est le sort des gens vexés.

Le jeune fou par l'usurier,
Le millionnaire par le banquier,
Le Picard par le Normand,
Le seigneur par son intendant.
    Enfoncés, etc.

Le créancier par le débiteur,
Par les cartes un joueur,
Par la goutte un béquillard,
Le conscrit par le vieux grognard.
    Enfoncés, etc.

Un ivrogne par le vin,

Le malade par son médecin,
Le traiteur par un Gascon,
Par son amant un tendron.
 Enfoncés, etc.

Lucas rentre à la maison,
Trouve sa femme Lison,
Dans les bras d'un perruquier,
Il tempête et veut crier....
 Enfoncés, etc.

Lise disait : mes amours
Pour toi dureront toujours ;
Une heure après ce serment,
Elle avait un autre amant.
 Enfoncés, etc.

Le caporal par état
Enfonce un pauvre soldat :
Le sergent, le caporal,
Enfin jusqu'au général.
 Enfoncés, etc.

Si je vous entends chanter,
Si je vous vois acheter,

Je pourrais dire, ça va bien,
Mais si vous n'achetiez rien,
   Enfoncés, etc.

LA FIN DU JOUR.

Air : *Gentille Bachelette.*

Au printemps de son âge,
Belle sans nul atour,
Lise avait en partage
Joli corps fait au tour.
Sa taille ravissante
Invitait au plaisir ;
Sur sa gorge naissante,
Reposait le désir.
Ah ! fillette innocente,
Qui ne connais l'amour,
Crains bien la fin du jour !

A la jeune bergère
Lubin offrait son cœur,
Lise, faisant la fière,
Montra de la froideur ;

Mais l'amour la tourmente,
L'amour lui dit d'aimer,
Et d'une ardeur brûlante
Sut bientôt l'enflammer,
Ah! fillette, etc.

Un soir, la bergerette
Ramenait son troupeau,
Et, revenant seulette,
S'éloigna du hameau :
Un seigneur se présente,
Lui tient propos flatteur :
Lise, Lise, contente
Sentit battre son cœur :
Ah! fillette, etc.

Le seigneur du village
Etait un beau trompeur ;
Grâce à cet avantage,
Il fut bientôt vainqueur :
A Lise suppliante
Il promit tout.... Hélas!
La bergère imprudente
Chancela dans ses bras.
Ah! fillette, etc.

La bergère joyeuse,
Le soir du lendemain,
Dans l'espoir d'être heureuse,
Au bois courut soudain.
La trop crédule amante
Vainement attendit;
A sa plainte fervente
L'écho seul répondit ;
Ah ! fillette innocente,
Qui ne connais l'amour,
Crains bien la fin du jour.

ROMANCE.

Chantée dans l'opéra de Fiorella.

   Dans cet asile solitaire,
Nous trouvons un toît protecteur,
Bénissons la main tutélaire,
Qui prend soin du voyageur ;
L'orage gronde, comment faire ?
Je ne sais où me réfugier,
Pour un amant, c'est le mystère
Qu'il cherche, mais sans se cacher. *bis.*

Près la porte de l'ermitage,
Lise approche, mais en tremblant :
Elle craint tout ; en fille sage
Veut fuir les piéges d'un amant.
Un temps couvert, une nuit sombre,
Fait au voyageur espérer
Que sa belle, égarée par l'ombre,
Ne pourra jamais se cacher.

La belle arrive, temps effroyable,
L'amant s'approche, et la séduit.
Tout en contrefaisant l'aimable,
L'orage passe, le soleil luit.
Lise pleure son innocence,
Mais c'est en vain, ô pauvre enfant,
L'amant s'enfuit, la résistance
Est inutile, il part gaîment.

En retournant à la prairie,
Lise se désole et se plaint,
Ah ! quelle insigne perfidie,
Plus de fleurs, il ne reste rien.
Méfiez-vous, ô jouvencelles,
Des discours galans et trompeurs,
Près d'un amant soyez cruelles,
Défiez-vous des séducteurs.

ROMANCE.

Sur l'air de la Cavatine de Tancredi, *qui se chante dans le Barbier de Séville.*

Venez, venez, jeunes amans,
   Sur l'herbette fleurie ;
Venez, au retour du printemps,
   Cueillir la fleur des champs.

   Dans la prairie,
  Le petit dieu des amours,
   Là se rallie,
Quand viennent les beaux jours.
   Dans une ornière
  L'innocente Bergère
Quelquefois casse son sabot ;
   Combien de faux pas
  Se font dans les lilas,
  Dont on ne parle pas.
Venez, venez, etc.

Quittez la ville,
Belles, en tapinois ;
A Romainville,
On va deux et on revient trois :
En partie fine,
Le cousin, la cousine
S'y donnent rendez-vous :
De gens innocents
On devient maman,
C'est l'effet du printemps.
Venez, venez, etc.

Séjour de grace,
Bosquet délicieux,
Là sur vos traces
Règnent les ris, les jeux ;
Jeunes bourgeoises,
La gaîté villageoise
Vous appelle en ces lieux ;
Belles, imitez-nous,
Au bois venez tour-à-tour,
N'ayez pas peur du loup.
Venez, venez, etc.

Ire. BARCAROLE DE MASANIELLO.

Les pêcheurs de toutes nos rades
Devant moi baissent pavillon ;
De mon talent, chers camarades,
Vous voyez un échantillon.
Saumons, turbots, fines anguilles,
Tour-à-tour tombent dans mes rets,
Et même jusqu'aux jeunes filles :
Je prends tout dans mes filets.   *ter*.

Ces messieurs se vantent sans cesse,
Mais quelquefois les orgueilleux
Ont les preuves que pour l'adresse,
Nous pouvons bien lutter contr'eux.
Ils sont bien fiers, à les entendre ;
Mais quelques petits airs coquets,
Un doux sourire, un regard tendre :
Les voilà pris dans nos filets.   *ter*.

Ah ! malgré l'exemple des hommes,
Point de ruses, point de détours ;
Ici-bas, tous tant que nous sommes,
Nous devons tribut aux amours.

Acquittons franchement la dette ;
Livrée à de cruels regrets,
Il vient un jour où la coquette
Se prend dans ses propres filets. *ter.*

IIe. BARCAROLLE.

La, la, ra, la, le ciel n'a plus d'étoiles,
C'est trop long-temps dormir,
La, la, ra, la, le vent enfle les voiles,
Allons, il faut partir.   *ter.*
Jusqu'au revoir la belle,
Disent les matelots :
Je livre ma nacelle
Au caprice des flots.   *ter.*
La, la, la, la, la, la, la, ra, la,
La, la, la, la, la, la, la, la, ra, la,
Je livre ma nacelle, etc.

La, la, ra, la, j'admire ton courage,
Dit la belle au luron,
La, la, ra, la, voici venir l'orage,
Ne prends pas l'aviron.   *ter.*
S'il tonne sur ma tête,
Je chanterai plus fort ;

Souvent c'est la tempête
Qui nous conduit au port.   *ter.*
La, la, la, la, la, la, la, ra, la,
La, la, la, la, la, la, la, la, ra, la,
Souvent c'est la tempête, etc.

CAVATINE DE MASANIELLO.

Si d'un pêcheur Napolitain
Le ciel voulait faire un monarque,
Rebelle à l'arrêt du destin,
Je dirais en guidant ma barque :
    Ah ! loin des cours,
    Coulez, coulez mes jours. *(bis.)*
    Je fuis l'intrigue,
    Je hais la brigue ;
    Point de bonheur
    Dans la grandeur;
    Exempt d'envie,
    Cachons ma vie ;
    Point de bonheur.
    Dans la grandeur.

Je vois mes maux d'un œil serein,
Et si mon ame est attendrie,

C'est quand je pense à ma patrie ;
Mais au nom d'un droit inhumain,
Que des cohortes étrangères
Ne privent pas d'un peu de pain
Les malheureux qui sont nos frères ;
Et le pêcheur Napolitain,
Sans rien envier au monarque ;
S'il peut gaîment mener sa barque,
Bénira toujours son destin.
  Ah ! loin des cours, etc.

NOTRE-DAME DU MONT-CARMEL.

Air de Masaniello.

Les Turcs inondant nos rivages,
En tous lieux portaient le trépas ;
Pour s'opposer à leur ravage,
Naples alors manquait de soldats.
Ne pouvant rien pour sa défense,
Nous adressions nos vœux au ciel,
Et nous implorions en silence,
Notre-Dame du Mont-Carmel !

Quand un ange sur la montagne,

Lumineux apparut soudain ;
Ses rayons doraient la campagne ;
Une croix brillait dans sa main.
Les Turcs en déroute complète,
Semblaient frappés d'un coup mortel ;
Et qui consomma leur défaite,
Notre-Dame du Mont-Carmel !

Pour célébrer cette journée,
Dans leurs jeux guerriers, nos soldats,
Offrent au peuple chaque année,
Une image de ces combats :
On se porte dans cette guerre,
Plus d'un coup qui n'est pas mortel,
Et l'on chante en vidant son verre,
Notre-Dame du Mont-Carmel.

ROMANCE.

Air du rendez-vous.

Arbre mourant, victime des orages,
Que ton aspect convient à mes douleurs

De tes débris tu couvres le rivage,
Moi, chaque jour, je pleure mon malheur.

Mais comme toi je n'ai plus d'espérance,
Je ne dois plus attendre de bonheur,
Celui que j'aime à trahi ma constance;
Auprès de toi je viens verser des pleurs.

Sous tes rameaux l'ingrat qui me délaisse,
Me témoignait sans cesse son amour;
J'avais pour lui la plus vive tendresse,
Mais le trompeur m'a fui sans nul retour.

Oui, le printems te rendra ton feuillage,
Tu renaîtras pour charmer ce séjour,
Et tes rameaux qui m'offraient un ombrage;
Verront finir ma vie et mon amour.

ROMANC

ROMANCE

DE LA BERGÈRE CHATELAINE.

Gentille Bachelette,
Un jour allait au bois ;
Beau page qui la guette,
Arrive en tapinois.
Dieu ! qu'elle est gentillette !
Quels yeux ! quelle fraîcheur !
Et sa main joliette
Passe sur mon cœur.
Prends garde, Bachelette,
Le page que voilà
N'en veut pas rester là.   *bis.*

Le lendemain seulette,
Au bois se retrouva ;
Beau page, à sa houlette
Beau ruban attacha :
Ensuite à la fillette
Si tendrement parla,
Qu'à la fin la pauvrette

Baiser d'amour donna.
Prends garde, Bachelette,
Le page que voilà
N'en veut pas rester là.   *bis.*

Mais la bergère sage,
Comprit par ce baiser,
Que désormais au page
Fallait tout refuser :
La gentille fillette
Eut ce courage-là :
Du page l'amourette
Beaucoup s'en augmenta,
Si bien que Bachelette
Le beau page épousa.
La chanson finit là.   *bis.*

REVIENS A MOI.

L'ingrat qui m'a ravi ton cœur,
Pour me venger, est infidèle ;
Il t'abandonne, et ce trompeur,
Se rit de ta peine cruelle ;
Il n'était pas digne de toi

Ce rival que mon abhorre,
Moi qui t'aimais, je t'aime encore;
Reviens à moi, reviens à moi.

Accable-le de ton mépris
Celui qui fait couler tes larmes,
Et méconnaît un si grand prix,
De ma tendresse et de tes charmes,
Sèche tes pleurs, console-toi,
De mes premiers vœux de constance;
J'ai conservé la souvenance,
Reviens à moi, reviens à moi.

Long-temps, dans mes brûlans transports,
Je t'accusais de perfidie;
De mon cœur je redis les torts,
Mais tu souffres, je les oublie :
Fortune, amour, tout est à toi,
J'ai tout gardé pour te les rendre;
Ne rougis pas de les reprendre,
Reviens à moi, reviens à moi.

AIR DU COLPORTEUR.

Pour les filles
Si gentilles,
Jeunes gens,
Soyez galants ;
Allons, faites
Des emplettes,
Regardez
Et demandez.
Pour les belles
Des dentelles,
Des rubans
Qui sont charmans.
Puis pour plaire
Aux gens de guerre,
Des flacons
Et des chansons,
Voyons, voyons,
Allons, allons ;
Pour des filles, etc.

ROMANCE DU COLPORTEUR.

Alexis doit quitter son père,
Qui n'aime que son autre enfant;
Dans la forêt une chaumière
Tous les deux bientôt nous attend ;
Là, travaillant sous le feuillage,
Ensemble, et le cœur à l'ouvrage,
Alexis me dira :
Je suis là ! *bis.*
Et Mina répondra :
Me voilà ! *bis.*

Si dans ce temps cruel de guerre,
Il est mis au rang des soldats,
J'abandonnerai ma chaumière,
En tous lieux je suivrai ses pas ;
Et s'il faut, hélas ! qu'il succombe,
Alexis entrant dans la tombe ;
Sans parler me dira :
Je suis là !
Et Mina répondra :
Me voilà !

CAVATINE DE LA DAME BLANCHE.

Viens, gentille dame,   *bis.*
De toi je réclame,
La foi des sermens,
Viens, etc.

A tes lois fidèle,
Me voici, ma belle,
Parais, je t'attends.   *bis.*
Viens, gentille dame, etc.

Déjà la nuit *(bis.)* plus sombre,
Sur nous répand *(bis.)* son ombre,
   Parais, je t'attends.   *bis.*
   Viens, gentille dame, etc.

Que tu tardes à venir ?
Dans mon impatience,
Le cœur me bat d'avance
D'attente et de plaisir.   *ter.*
   Viens, gentille dame, etc.

LE PALAIS-ROYAL.

Air *de la Sauteuse.*

Du Palais-Royal
Comme je peindrais bien l'image,
   Si de Juvénal
J'avais le trait original !
   Mais tant bien que mal,
Muse, entamons ce grand ouvrage.
   Quel homme, au total,
Mieux que moi connaît le local ?
   Entrepôt central
De tous les objets en usage,
   Jardin sans rival.
Qui du goût est le tribunal....
   L'homme matinal
Peut, à raison d'un liard la page,
   De chaque journal
S'y donner le petit régal.
   D'un air virginal,
Une belle au gentil corsage
   Vous mène à son bal.

Nommé *Panorama moral*....
  Sortant de ce bal,
Si de l'or vous avez la rage,
  Un rateau fatal
Sous vos yeux roule ce métal ;
  Et par ce canal
L'homme de tout rang, de tout âge,
  Va d'un pas égal
A la fortune, à l'hôpital.
  Le Palais-Royal
Est l'écueil du meilleur ménage ;
  Le nœud conjugal
S'y brise net comme un cristal.
  Le provincial,
Exprès pour l'objet qui l'engage,
  Y vient d'un beau schall
Faire l'achat sentimental ;
  Mais l'original
A vu certain premier étage....
  Heureux si son mal
Se borne à la perte du schall !...
  Dans un temps fatal,
Si de maint politique orage
  Le Palais-Royal
Devint le théâtre infernal,
  Du gai carnaval

Il est aujourd'hui l'héritage,
 Jeu, spectacle, bal
Y sont dans leur pays natal.
 Flamand, Provençal,
Turc, Africain, Chinois, Sauvage,
 Au moindre signal
Tout se trouve au Palais-Royal ;
 Bref, séjour banal,
Du grand, du sot, du fou, du sage,
 Le Palais-Royal
Est le rendez-vous général.

LAURE A SON PERROQUET.

CHANSONNETTE.

Pour toi la vie est une fête,
Disait Laure à son perroquet ;
Lorsqu'on me défend la toilette *bis.*
On te permet d'être coquet.
Maman te flatte et te caresse,
Dit que rien n'est plus beau que toi.
Jaco, *(5 fois.)* réponds à ta maîtresse,

N'es-tu pas plus coquet que moi ? *bis.*
Jaco (*bis.*) n'es-tu pas plus coquet
    que moi ?   *bis.*

   Si je parle à tort, par mégarde,
Si j'ouvre la bouche au hasard,
On m'apelle aussitôt bavarde ;
On te permet d'être bavard.
A t'écouter chacun s'empresse ;
On admire un mot dit par toi ;
Jaco, réponds à ta maîtresse,
N'es-tu pas plus bavard que moi ?

   Lorsque la moindre friandise
S'égare, je ne sais comment,
On m'accuse de gourmandise ;
On te permet d'être gourmand.
Ton appétit même intéresse,
Et les plus beaux fruits sont pour toi.
Jaco, réponds à ta maîtresse,
N'es-tu pas plus gourmand que moi ?

   Ce qui me déplaît davantage,
C'est mon aiguille et ma leçon ;
Le matin me trouve à l'ouvrage,
Lorsque tu dors sur ton bâton.

On me reproche ma paresse ;
On est toujours content de toi ;
Jaco, réponds à ta maîtresse,
N'es-tu pas plus gâté que moi ?

AIR D'UNE HEURE DE MARIAGE.

Serment d'amour
Ressemble à fleur nouvelle.
Il dure un jour,
Et disparaît comme elle.
D'un souffle de zéphir,
Si la fleur est ternie,
Par un nouveau désir
La promesse est trahie.
C'est ainsi que les flots
D'une onde claire et pure
Perdent leur doux repos
Par le moindre murmure.

O toi, qui me promis
D'aimer toute la vie,
Déjà tu me trahis,
Ingrat, ton cœur m'oublie.

Tous tes sermens, que sont-ils devenus ?
Je vis encore, et tu ne m'aimes plus.
 De ce siècle volage
L'inconstance est donc le partage.

 Serment d'amour, etc.

ROMANCE DE LOUISA.

Lorsque ma bouche un jour osa
Te dire tendrement je t'aime,
Pouvais-je croire, ô Louisa !
Que ta rigueur serait extrême.
L'amour a placé dans tes yeux
Le bonheur et l'art de plaire,
La beauté doit comme les dieux,
Faire des heureux sur la terre. *bis.*

Tu vois sans crainte et sans danger,
Tous les cœurs voler sur tes traces ;
Semblable au papillon léger
Tu badines avec les Grâces.
Ma voix seule peut t'attendrir ;

Et jour et nuit elle t'implore,
Les fleurs que Phébus fait mourir
Arrachent des pleurs à l'Aurore.

Ma Louisa de ta rigueur,
Pourquoi me rendre la victime ;
Pourrais-tu dédaigner un cœur
Brûlant d'un feu si légitime ;
Le Dieu qui nous donna le jour
Doit seul exciter notre envie,
Louisa cède au tendre amour,
Et fait le bonheur de ma vie.

ROMANCE.

L'on voit voltiger sur la rose
Le papillon volage amant,
Sur la feuille à demi close,
Offrir un hommage inconstant.
Malheur qui te prend pour modèle,
Malheur à qui dit le secret ; *bis.*
L'amour pardonne un infidèle,
Mais il punit un indiscret.   *bis.*

Loin d'une ardeur passagère
Enflammé, brûlant tour-à-tour;
Mais c'est à l'ombre du mystère
Que l'amour dure toujours.

Malheur, etc.

L'ANGELUS.

ROMANCE.

L'hermite du hameau voisin,
Disait souvent aux bergerettes,
Pour éloigner l'esprit malin
Ma cloche a des vertus secrètes : *bis.*
Ne vous fiez aux oremus
S'il se met à votre poursuite,
Lorsque sonnera l'Angelus
Vous le verrez prendre la fuite. *bis.*

Annette qui croyait cela
Au bois un jour alla seulette,
Lucas la guette et le voilà
Qui veut égarer la pauvrette : *bis.*

Tiens, lui dit il, ces bois touffus,
Nous offrent un si doux ombrage ;
Par bonheur sonna l'Angelus,
Annette revint au village. *bis.*

Au même lieu le lendemain,
L'orage grondait sur sa tête ;
Elle fuyait, lorsque soudain,
Lucas s'offrit aux yeux d'Annette : *bis.*
Bientôt Annette ne fuit plus,
Jamais Lucas ne fut si tendre ;
Vainement sonna l'Angelus,
L'orage empêcha de l'entendre. *bis.*

Depuis ce temps elle gémit,
Car Lucas devint infidèle,
Mais bien souvent elle redit :
Aux bergères simples comme elle : *bis.*
A l'hermite ne croyez plus ;
Mais si vous voulez être sage,
Ne vous fiez aux oremus,
Et fuyez les bois et l'orage. *bis.*

AIR DES MARIS GARÇONS.

RÉCITATIF.

O vous ! qui m'opposez et rigueurs et verroux,
D'amour ici je suis parlementaire ;
Par ma voix il vous dit : à l'instant, rendez-vous,
Ou craignez les lois de la guerre.

RONDEAU.

Pour triompher de la beauté,
Fesons la guerre avec franchise ;
Délicatesse, amour, gaîté,
De mes drapeaux c'est la devise.

Dans une heure, je le prédis,
La belle, au plus tard, doit se rendre ;
Mais, lorsque je compte la prendre,
Craignons moi-même d'être pris.

Pour triompher, etc.

FINALE

FINALE DU PREMIER ACTE

DE MASANIELLO.

MASANIELLO.

Du Ciel implorons la vengeance !
    De nos persécuteurs,
    Des cruels exacteurs
Qui saura punir l'insolence,
Et mettre un terme à leurs fureurs.

MASANIELLO.

Soyons nous-mêmes nos vengeurs.
Charles-Quint, ce monarque sage,
Fit pour nous de plus douces lois ;
Réclamons-les, c'est rendre hommage
Aux vertus de nos meilleurs rois.

CHOEUR.

Charles-Quint, etc.

MASANIELLO.

Je marche à votre tête,
Je m'expose pour vous,
Aux coups de la tempête
Qui doit vous sauver tous.
Comme un autre Moïse,
Hélas ! quand je devrais,
Dans la terre promise,
Ne pénétrer jamais :
Je marche à votre tête, etc.

CHOEUR.

Charles-Quint, etc.

MASANIELLO.

Instrumens du courroux céleste,
Mêlons la justice aux rigueurs,
Et que ce jour ne soit funeste
Qu'à nos infâmes oppresseurs.
Pour les punir, que la flamme dévore
Ces monumens d'un impôt détesté ;

Amis, voilà l'aurore
De notre liberté,
Marchons, marchons, marchons.

TOUS.

Charles-Quint, etc.

___

ROMANCE

DE MASANIELLO.

Ah ! mon ami que ces pensées
Règlent toujours tes actions,
Qu'elles ne soient point effacées
Par de vaines illusions. *bis.*
Après avoir fait reconnaître
Ton dévouement et ta valeur, *bis.*
Reviens au lieu qui t'a vu naître
Dans la cabane du pêcheur.

D'éblouir les yeux du vulgaire
Le besoin nous est inconnu,

Qui n'eût jamais le nécessaire
Ne cherche pas le superflu.   *bis.*
Il vous faut un trop grand espace ;
Rêves, fantômes de grandeur,   *bis.*
Comment pourriez-vous trouver place
Dans la cabane du pêcheur.

FINALE DU DEUXIÈME ACTE

DE MASANIELLO.

MASANIELLO.

O fureur, ô lumière horrible !
Léona me trompait..... non, non, c'est
    impossible ;
Non, tu n'as pu sauver un rival détesté.

LÉONA.

J'ai protégé ses jours, punis une cou-
    pable ;
Quel que soit ton courroux, oui, je l'ai
    mérité.

Seul, contre tous, pouvait-il se dé-
fendre ?
A la voix de l'humanité,
Mon cœur fut forcé de se rendre.

MASANIELLO.

Fuis, crains l'effet de mes transports
jaloux.

RUFFINO.

Epargne une épouse si chère,
Et pour les Espagnols réserve ton courroux.

ENSEMBLE.

THERESIA, MATTÉO.

Calme-toi, calme-toi mon frère !
Epargne une épouse si chère ;
Masaniello, sois moins sévère,
De son cœur nous répondons tous.

RUFFINO.

Ami, que la raison t'éclaire,
Epargne, etc.

CHOEUR.

Calme cette affreuse colère,
Epargne, etc.

LÉONA.

Cher époux, calme ta colère ;
Exauce, exauce ma prière,
Et si jamais je te fus chère,
Abjure tes transports jaloux.

MASANIELLO.

Eloigne-toi, fuis ma colère ;
Autant, hélas ! tu me fus chère,
Autant tu deviens étrangère
Au cœur ulcéré d'un époux.

RUFFINO.

Occupons-nous de soins plus importants;

Sous les murs du palais, hâtez-vous de vous rendre.
Et que le cri du peuple à ces fiers Castillans
Incessamment se fasse entendre.
Marchons, marchons, profitons des instants ;
Que l'orgueil espagnol frémisse
A l'aspect de vos étendarts,
Et que ces mots : liberté, plus de taxe, et justice,
Retentissent de toutes parts.

MASANIELLO.

Amour de la patrie,
Affreuse jalousie,
Vous embrasez mon cœur !

TOUS, EXCEPTÉ MASANIELLO.

D'une horde ennemie
Délivre ta patrie,
Sois son libérateur.

MASANIELLO.

Amour de la patrie, etc.

AIR DE MASANIELLO.

RUFFINO.

A sa fille disait Lucrèce,
La bonne foi du monde a fui ;
Mensonge, trahison, souplesse,
Voilà les hommes d'aujourd'hui.
A les croire qui se hasarde,
En sera dupe *(bis.)* c'est certain ;
Ils sont faux *(bis.)* prenez-y bien garde,
Ils sont faux, voilà mon refrain.
  Ils sont faux, etc. *(3 fois.)*

Ah ! craignez qu'on ne vous abuse,
Puisque vous les savez trompeurs,
Comme eux, vraiment, usez de ruse
Tachez de lire dans leurs cœurs ;
Moi, je connais tous leurs manéges,
Quand d'un ton si léger, si vain,
Ils parlent de leurs priviléges,
Ils sont faux, voilà mon refrain.
  Ils sont faux, etc.

RÉCITATIF DU QUATRIÈME ACTE

DE MASANIELLO.

MASANIELLO.

Un oiseau qui supporte à peine la lumière,
Comme pour s'appocher de l'astre radieux
Qui nous échauffe et nous éclaire,
S'élevait au plus haut des cieux.
Mais tout-à-coup sa force l'abandonne,
Les rayons enflammés, troublent, brûlent ses yeux ;
Il meurt enfin dans un vertige affreux :
N'est-ce pas un avis qu'ici le ciel me donne ?

DUO.

RUFFINO.

Ton cœur connaît-il la crainte ?

Par un vain songe est-il troublé?

MASANIELLO.

Mon cœur ne connaît point la crainte,
Mais ce rêve, ami, l'a troublé,
Des honneurs je hais la contrainte,
De leur poids je suis accablé.

RUFFINO.

Sois digne de la cause sainte
Où tu t'es bien signalé.

ENSEMBLE.

MASANIELLO.

J'entends, j'entends une voix qui me crie :
Sous l'humble chaume où ta reçus la vie,
Masaniello, le ciel t'a rappelé.

RUFFINO.

Ecoute, écoute une voix qui te crie :

Masaniello sers encor ta patrie,
Au plus haut rang tu dois être appelé.

MASANIELLO.

Ces attributs de la puissance,
Qu'il me tarde de les quitter.

RUFFINO.

Ils sont le prix de la vaillance,
Qui mieux que toi peut les porter.

MASANIELLO.

Ah! loin de moi le rang suprême!
Le pouvoir fait trop de jaloux.

RUFFINO.

Tu sais combien le peuple t'aime,
Tu le vois presque à tes genoux.

MASANIELLO.

Le peuple dans son inconstance,

Blâme, approuve sans examen,
Celui que la veille il encense
Est immolé le lendemain.

ENSEMBLE.

MASANIELLO.

J'entends, j'entends, etc.

RUFFINO.

Ecoute, écoute, etc.

FINALE DU QUATRIÈME ACTE.

MASANIELLO.

Mais quels accords ici se font entendre !
Ah ! c'est le bal, songeons à nous y
    rendre ;
A ce plaisir, messieurs, livrons-nous
    tous.

JACOMO.

Que fais-tu donc, crains le peuple en courroux.

LES MEMBRES DU CONSEIL.

Quel excès de démence !

LE GOUVERNEUR, TORELLAS.

Ah ! je plains sa souffrance !

MASANIELLO.

Mais de son voile immense
La uuit nous couvre tous.
O Ciel ! quelle tempête,
Trouble les matelots !
Ma frêle barque est prête
A couler sous les flots.
A l'abri des orages,
Contemplant les naufrages,
Goûtons sur ces rivages,
Les douceurs du repos.

TOUS, EXCEPTÉ MASANIELLO.

Quel changement s'opère
Dans ses traits, dans sa voix,
Sur cette ame si fière
La raison perd ses droits.

MASANIELLO.

Sensible à ma prière,
Le ciel entend ma voix ;
Mes amis, ma chaumière,
C'est vous que je revois.

TOUS, EXCEPTÉ MASANIELLO.

Quel changement s'opère, etc.

MASANIELLO.

Craignez tous ma colère,
Si vous bravez ma loi ;
Quel est le téméraire
Qui s'arme contre moi ?

MA NACELLE.

Air : *Eh ! vogue la galère.*

Sur une onde tranquille,
Voguant soir et matin,
Ma nacelle est docile
Au souffle du destin.
La voile s'enfle-t-elle :
J'abandonne le bord ;
Eh ! vogue ma nacelle ;
(O doux Zéphir, sois-moi fidèle !)
Eh ! vogue ma nacelle ;
Nous trouverons un port.

J'ai pris pour passagère
La muse des chansons ;
Et ma course légère
S'égaie de ses sons.
La folâtre pucelle
Chante sur l'autre bord :
Eh ! vogue ma nacelle ;
(O doux Zéphir, sois-moi fidèle !)

Eh ! vogue ma nacelle ;
Nous trouverons un port.

Lorsqu'au sein de l'orage
Cent foudres à la fois,
Ebranlant ce nuage,
Epouvantent les rois ;
Le plaisir qui m'appelle,
M'attend sur l'autre bord.
Eh ! vogue ma nacelle ;
(O doux Zéphir, sois-moi fidèle !)
Eh ! vogue ma nacelle ;
Nous trouverons un port.

Loin de là, le ciel change :
Un soleil éclatant
Vient mûrir la vendange
Que le buveur attend.
D'une liqueur nouvelle
Lestons-nous sur le bord.
Eh ! vogue ma nacelle ;
(O doux Zéphir, sois-moi fidèle !)
Eh ! vogue ma nacelle ;
Nous trouverons un port.

Des rives bien connues
M'appellent

M'appellent à leur tour.
Les Grâces, demi-nues,
Y célèbrent l'amour.
Dieux ! j'entends la plus belle
Soupirer sur le bord.
Eh ! vogue ma nacelle ;
(O doux Zéphir, sois-moi fidèle !)
Eh ! vogue ma nacelle ;
Nous trouverons un port.

Mais loin du roc perfide
Qui produit le laurier,
Quel astre heureux me guide
Vers un humble foyer ?
L'amitié renouvelle
Ma fête sur ce bord :
Eh ! vogue ma nacelle ;
(O doux Zéphir, sois-moi fidèle !)
Eh ! vogue ma nacelle ;
Nous entrons dans le port.

LES BATONS.

Couplets chantés par M. E. de Pradel sur le théâtre d'Avignon.

Air : *Applaudissez Berquin.*

Sur Rousseau qui nous fronde
Je me suis appuyé ;
Pour observer le monde,
Il faut aller à pié.
En brillant équipage
D'autres font leur chemin ;
Moi, gaîment je voyage,
Un bâton à la main.

Les héros dont la France
Aime à garder le nom,
Savaient par leur vaillance
Ennoblir le bâton ;
Ils enchaînaient la gloire,
Et Villars, à Denain,
Poursuivait la Victoire
Un bâton à la main.

Plus d'un peuple profane
Le métier de soldat ;
Souvent les coups de canne
Précèdent le combat.
Tels servent en esclaves
Le Russe, le Germain,
Et l'on vous fait des braves
Un bâton à la main.

Un fils de l'Hellénie
Par un frère insensé,
Au nom de la patrie
Vit son front menacé.
Oui, frappe, mais écoute !
L'erreur, Grec inhumain,
N'y voit pas mieux sans doute
Un bâton à la main.

Aimez-vous la musique ?
Chacun vous citera,
Pour l'effet harmonique
Notre grand Opéra.
De cette illustre scène
Si l'orchestre est divin,
C'est parce qu'on le mène
Un bâton à la main.

Un poète bien mince,
Caressant le pouvoir,
Dans un luxe de prince,
Promène son savoir ;
Et le chantre d'Achille,
En demandant du pain,
Allait de ville en ville,
Un bâton à la main.

ROMANCE.

Air nouveau.

Mes amis, je veux vivre en sage,
Adieu l'amour et son poison,
Trop long-temps un sexe volage
Egara ma faible raison.
Aux femmes bien fou qui s'y fie,
A leurs serments, à leurs discours ;
Hélas ! je le dis tous les jours, } bis.
Et je les aime à la folie.

Dès le printems de ma jeunesse,
Je fus épris d'une beauté

Qui trahit bientôt ma tendresse,
En me jurant fidélité ;
N'expirant point de jalousie,
Alors dans ma juste fureur
Je la maudissais de grand cœur,
Et je l'aimais à la folie.

Je vis Zulmé sur sa figure,
Se peignant l'air du sentiment ;
Ses yeux modeste et sa voix pure
Disait : j'aimerais constamment.
Dupé par sa coquetterie,
Par ses regards et par sa voix ;
Je fus trompé plus de cent fois,
Et je l'aimais à la folie.

Rose m'offrit son innocence,
Ses dix-sept ans et sa candeur ;
J'étais simple dans mon enfance,
Elle m'assurait mon bonheur.
Mais, lorsque sa bouche jolie
Jura de vivre que pour moi ;
Un autre m'enlevat sa foi,
Et je l'aimais à la folie.

Fidèle amour, ardeur sincère,

Fable antique, vieux préjugé,
Je crus de voir douce chimère
Mais les belles m'ont corrigé;
Mécontent de leurs perfidies,
Chez elles rien n'est vrai sur rien.
Tout le prouve, je le vois bien;
Et je les aime à la folie.

LE RETOUR DU PALADIN,

Romance.

Un noble et vaillant Paladin,
L'honneur et l'espoir de la France,
Du nord jusques chez l'Africain,
Avait porté sa noble lance;
Sur son écu, sur son cimier
Brillait une couleur chérie,
C'était la couleur de sa mie
Auprès de l'immortel laurier.

Il pensait goûter le repos,
Dans la paix, fruit de la victoire;
Jaloux du bonheur du héros

L'ennemi veut ternir sa gloire.
Mais aussitôt, preux chevalier,
Saisissant sa terrible lance,
Il va combattre pour la France,
Et pour son immortel laurier.

Le destin trompa la valeur
Des fils chéris de la patrie;
Ils tombent tous au champ d'honneur;
On voudrait leur laisser la vie;
Quoi ! répond l'illustre guerrier,
Que du trépas on nous préserve ?
Un Français meurt, mais il conserve
L'honneur de l'immortel laurier.

Epargné par le coup fatal,
Le Paladin versant des larmes,
De retour au pays natal,
Chantait, l'œil fixé sur ses armes.
O France ! ouvre au peuple guerrier
La lice où renaît la victoire ;
Et sur le chemin de la gloire,
On verra l'immortel laurier.

BARCAROLLE DE MARIE.

Air nouveau.

Batelier, dit Lisette,
Je voudrais passer l'eau;
Mais je suis bien pauvrette
Pour payer le bateau.
Colin dit à la belle :
Venez, venez toujours ;   bis.
Et vogue la nacelle   ter.
Qui porte mes amours.

Je m'en vais chez mon père,
Dit Lisette à Colin.
Eh bien ! crois-tu ma chère,
Qu'il m'accorde ta main ?
Ah ! répondit la belle,
Osez, osez toujours ;
Et vogue la nacelle
Qui porte mes amours.

Après son mariage,

Toujours dans son bateau,
Colin fut le plus sage
Des maris du hameau.
A sa chanson fidèle,
Il répéta toujours :
Et vogue la nacelle
Qui porte mes amours.

ROMANCE DU MAÇON.

Elle va venir,
J'en conçois la douce espérance ;
Le trouble qui vient me saisir ;
C'est mon cœur qui bat de plaisir ;
Tout dans ces lieux me dit d'avance ;
Elle va venir, elle va, elle va venir.

Elle va venir,
Ah ! si le sort l'avait trahie ;
Que dis-je, mais pourquoi frémir,
Pourquoi voir un sombre avenir ?
Peine d'agir, que tout s'oublie,
Elle va venir, elle va, elle va venir.

LE BON PASTEUR.

ROMANCE.

Air connu :

Bons habitans du village,
Prêtez l'oreille un moment;
Ma morale douce et sage,
Est toute de sentiment.
Vous saurez bien me comprendre,
C'est mon cœur qui parlera :
Quand vous pourrez, venez m'entendre.
Et le bon Dieu vous bénira.   bis.

Aux vignes, dans les vendanges,
Aux champs, pendant les moissons,
De Dieu chantez les louanges,
Il sourit à vos chansons ;
Quand le plaisir, dans la plaine
Le soir vous appellera ;
Dansez gaîment sous le vieux chêne,
Et le bon Dieu vous bénira.

Un soldat que le froid glace,
Le soir vient-il à pas lents
Vous demander une place
Près de vos foyers brûlants !
Sans connaître la bannière
Sous laquelle il s'illustra,
Vîte, ouvrez-lui votre chaumière,
Et le bon Dieu vous bénira.

De vos gerbes si nombreuses,
Pour moi ne réservez rien ;
Vos familles sont heureuses,
Leur bonheur suffit au mien.
Ménagez votre abondance
Pour celui qui pâtira,
Payez la dîme à l'indigence,
Et le bon Dieu vous bénira.

Loin des cendres de sa mère,
Chez vous, un pauvre exilé,
Dévorait sa peine amère,
Dieu vers lui l'a rappelé.
Qu'importe si sa prière
De la vôtre différa,
Priez pour lui, c'est votre frère,
Et le bon Dieu vous bénira.

LE RETOUR DE PIERRE.

ROMANCE DE ROMAGNÉSI.

Pour aller venger la patrie
Jeune encor j'ai quitté les champs,
Au silence de la prairie,
A succédé le bruit des camps ;
Plus d'une fois pendant la guerre
Songeant au bonheur du hameau,
Je regrettai mon vieux père,
Ma chaumière et mon troupeau.

Du serment de servir la France
Vingt blessures m'ont dégagé ;
Mais j'emporte pour récompense,
La croix du brave et mon congé.
Loin du tumulte de la guerre,
Je vivrai paisible au hameau ;
J'y reverrai mon vieux père,
Ma chaumière et mon troupeau.

Braves soldats, mes frères d'armes,

Dont j'ai toujours suivi les pas ;
Dans les succès, dans les allarmes,
Compagnons, ne m'oubliez pas ;
Recevez les adieux de Pierre,
Demain il retourne au hameau,
Servir encore son vieux père,
Sa chaumière et son troupeau.

Si vers les rives de la France,
L'étranger marchait en vainqueur,
Le noble élan de la vaillance,
Soudain ferait battre mon cœur ;
Avec ardeur on verrait Pierre,
Pour chercher au loin son drapeau,
Quitter encore son vieux père,
Sa chaumière et son troupeau.

LA PETITE MENDIANTE.

C'est la petite mendiante
Qui vous demande un peu de pain,
Donnez à la pauvre innocente,
Donnez, donnez, car elle a faim :
Ne rejettez pas ma prière

Votre cœur vous dira pourquoi ;
J'ai six ans, je n'ai plus de mère,
J'ai faim, ayez pitié de moi. *bis.*

N'allez pas croire que j'ignore
Que dans ce monde il faut souffrir ;
Mais je suis si petite encore,
Ah ! ne me laissez pas mourir !
Donnez à la pauvre petite,
Et pour vous comme elle prîra,
Elle a faim, donnez, donnez vîte,
Donnez, quelqu'un vous le rendra. *bis.*

Si ma plainte vous importune,
Eh, bien ! je vais rire et chanter ;
De l'aspect de mon infortune,
Je ne dois pas vous attrister :
Quand je pleure, l'on me rejette,
Chacun me dit : Eloigne-toi,
Ecoutez donc ma chansonnette ;
Je chante, ayez pitié de moi !

Tra la, la la la, tra, la la la,
Ecoutez donc ma chansonnette,
Tra la la la la,
Je chante, ayez pitié de moi.

LE SECRET.

ROMANCE.

Le secret ajoute au plaisir ;
L'amour heureux veut du mystère ;
Mais Aglaé pourquoi se taire
Quand le cœur n'en est qu'au désir.
Dans le silence et les allarmes,
L'amour a trop nourri mon feu ;
Pour ne pas excuser l'aveu
Qu'en ce jour je fais à tes charmes. *bis.*

Je sais trop que privé d'espoir,
A te plaire on ne peut atteindre.
Mais du moins est-il doux de peindre
Les attraits qu'il est doux de voir :
De la fable et de l'imposture
Vénus tient toute sa beauté,
Pour en faire une vérité,
Je peins d'après toi la nature. *bis.*

Qu'avec grâce Aglaé sourit,

Que ses beaux yeux ont de finesse ;
Mais j'y cherche envain la tendresse,
Je n'y vois briller que l'esprit.
Plaire, voilà sa destinée,
L'adorer, voilà mon malheur ;
Ah ! faut-il que jusqu'à son cœur
Tout soit promis à l'hyménée.

Par quel art, Aglaé, dis-moi :
Sais-tu triompher des plus belles ;
On peut être séduit par elles,
Mais on revient toujours à toi.
Tel en ces lieux où flore expose
L'éclat de ses riches couleurs ;
On est tenté par mille fleurs,
On revient toujours à la rose. *bis.*

VERSEZ

VERSEZ ENCORE.

Air : *Vive le Roi ! vive la France !*

Quand l'amitié verse à longs flots
Doux jus dont la chaleur me gagne ;
Mieux que Falerne et que Scyros,
Je savoûre un joyeux Champagne ;
Mais si d'un brillant Chambertin
Ma coupe avide se colore,
Quand j'ai bu, voici mon refrain :
C'est un ami, versez encore.

De ce temple ouvert au bon goût,
Loin du laurier académique,
Puisse l'heureux passe-partout
S'égarer pour le romantique;
Mais que de Racine ou Boileau,
Le disciple qui les honore
Frappe un léger coup de marteau ;
C'est un ami, versez encore.

Fermons aux noirs inquisiteurs,

Bourreaux des mœurs évangéliques,
Qui, prêtant à Dieu leurs fureurs,
Se font des vertus fanatiques ;
Mais, prêchant la paix, le pardon,
Ministre du Dieu qu'il adore,
S'il vient un nouveau Fénélon,
C'est un ami, versez encore.

Fuyons ces auteurs lourds et plats,
Dont la muse à pas lents se traîne,
Qui de leurs minces canevas
Ont l'art d'appauvrir notre scène ;
Mais si, par Molière inspiré,
Un talent pur, à son aurore,
Nous apporte le feu sacré,
C'est un ami, versez encore.

Qu'un Crésus doute des succès
Dont s'énorgueillit la patrie ;
Pour qui rougit d'être Français
Que notre cave soit tarie ;
Mais s'il s'offre un vieux vétéran,
Qui de sa pauvreté s'honore,
Et pour tout bien n'a qu'un ruban,
C'est un ami, versez encore.

Guerre aux sots, guerre aux froids rimeurs,
Aux romantiques, guerre ! guerre !
D'Apollon les nobles faveurs
Marquent ici les droits du verre.
Puisse-t-il, donnant rendez-vous
A ceux que sa flamme dévore,
Dire un jour à chacun de nous :
C'est un ami, versez encore.

COUPLETS DE FIORELLA.

Heureux climat ! beau ciel de l'Italie !
Séjour des arts et de la volupté,
Ton seul aspect séduit l'œil enchanté
Et semble dire à notre ame attendrie :
    Au plaisir, à l'amour
    Ne soyons plus rebelles ;
    Le plaisir a des aîles
    Et l'amour n'a qu'un jour.

Peut-être ici, sur la lyre sonore,
Tibulle, Horace, ont chanté leurs amours ;

Imitons-les et répétons toujours
Ce doux refrain que l'écho dit encore :
  Au plaisir, etc.

Jeunes beautés, aimables et coquettes,
Gardez-vous bien de vous laisser charmer !
Contentez-vous de plaire sans aimer,
Si vous voulez conserver vos conquêtes.
  Ils fuiront sans retour
  Ces amans infidèles ;
  Le plaisir a des aîles,
  Et l'amour n'a qu'un jour.

BARCAROLLE DE FIORELLA.

  Pauvre Napolitain,
  La mer est belle ;
  Cherche au pays lointain
  Meilleur destin.
  Au bord Américain
  L'or étincelle
  Et promet au marin
  Riche butin,

Voilà ma nacelle,
Partons soudain.

Le Vesuve en son sein
Souvent recèle
Même en un jour serein
Trépas certain,
Si ton regard malin
Lorgne une belle,
Crains le fer inhumain
D'un Spadassin.
Voilà ma nacelle
Partons soudain.

Intrépide marin,
Beauté nouvelle
Va t'offrir en chemin
Attrait divin !
Vers ce pays charmant
Qui te rappelle,
Tu reviendras gaîment
Riche et content.
Voilà ma nacelle,
Partons gaîment.

CHOEUR ET RONDE DE PÉLERINS

DE FIORELLA.

Après la richesse,
Joyeux Pélerin,
Moi je cours sans cesse,
Et je cours en vain ;
Quoique la coquette
M'échappe souvent,
Gaîment je répète
En la poursuivant :
    Espérance,
    Confiance,
    C'est le refrain
    Du Pélerin.

En route on s'ennuie
Il faut être deux,
Que fille jolie
Paraisse à mes yeux,
Quoique l'mariage
Ait maint accident,

J'tente le voyage,
En disant gaîment :
  Espérance,
  Confiance,
  C'est le refrain
  Du Pélerin.

Je crois que ma belle
M'aimant constamment,
Me sera fidèle ;
Et, chemin faisant,
Si de bons apôtres
En sont amoureux,
J'dirai comme tant d'autres,
En fermant les yeux :
  Espérance,
  Confiance,
  C'est le refrain
  Du Pélerin.

ROMANCE.

Air : *De l'Amour avocat.*

J'ai vu briller la faible aurore,
J'ai vu couler ses tendres pleurs,

Et soudain le jardin de Flore
S'est paré de mille couleurs.
Bientôt le Dieu de la lumière
A quitté l'humide séjour,
Et la fauvette printanière
A commencé son chant d'amour.

Je viens d'errer sur les montagnes
Avant le réveil du pasteur ;
J'ai fait retentir les campagnes
Du nom de l'amant de mon cœur.
Mes sons portés par le zéphire
Charmaient les échos d'alentour,
Et mes doigts parcourant ma lyre
Accompagnaient mon chant d'amour.

De la rose de Cythérée
Mon teint a perdu l'incarnat ;
Je suis le lys de la vallée
Dont le soleil ternit l'éclat.
Cruel auteur de ma souffrance
Pour toi j'expire chaque jour,
Cours à ma voix, que ta présence
Vienne animer mon chant d'amour.

O vous, mes compagnes fidèles

Qui prenez part à mes tourmens,
Ah ! couvrez-moi de fleurs nouvelles ;
Faites sur moi souffler les vents.
Un feu rongeur sèche mon ame,
Un frisson la glace à son tour,
Bientôt la mort brisant ma trame ,
Interrompra mon chant d'amour.

ROMANCE PATOISE.

Air : *Faut l'oublier disait Colette.*

N'amaraï plus , disié Sophie ,
Lei jouine hommé soun de troumpur,
Soun na per fairé lou malhur ,
Et lou tourmen dei jouini fies.
Sous un air doucile et crentous
Cachoun la ruse et l'incoustance ,
Aquélei gen soun dangirous,
Nous caousoun ren qué dé souffrance ,
N'amaraï plus , n'amaraï plus.

N'amaraï plus , juré sen cesse ,
Garçoun, dé vous haï toujou ;

Voudrié mieou vieoùr'amé lei loups
Qu'amé d'être dé voste espèce.
Are jouissé jamaï tant
Qué quand sieou souletté et tranquilou,
Sé voulé faïré lei galants
Ya proun coquettou din la villou
N'amaraï plus, n'amaraï plus.

N'amaraï plus, jouinei fillettou,
A quatorze ans aï fa l'amour;
Toutei lei galans d'alentour,
Alors mé countavoun flourettou;
Chousiguère lou pu charmant
Et poou à poou me li'estaquère.
Mai qué m'arrivé, l'incounstant
M'abandouné lorsque l'amère,
N'amaraï plus, n'amaraï plus.

N'amaraï plus, maï pren té garde.
Sophie, changés de coulour
Lorsqué véses toutei lei jour,
Certain garçoun qué té regarde;
Ei ségur qué n'ei pas ben laï,
Et qu'a lou pu doux dei souriré;
Et un certain air qué vous plaï,

Aï ben paou qué posqués plus diré,
N'amaraï plus, n'amaraï plus.

N'amaraï plus, la paoure chate
Savié ben pas cé qué disié,
Maougra lei sermen qué fasié,
L'amour la ten maï sous sa patte.
Fillettous sé vostei galants
Vous quittoun per une aoutrou fie
Cerqua vous vité un remplaçant,
Et digué pas coumé Sophie
N'amaraï plus, n'amaraï plus.

LE DOS AU FEU,

LE VENTRE À TABLE.

Air : *De la Partie carrée.*

De bon goût qu'un autre se pique,
Et las du nouveau Tivoli,
Qu'il se pâme au chant romantique
Des Sontag et des Monthelli ;
Épris d'un destin plus aimable,

Bravant la pluie et bien couvert,
J'aime encor mieux être, en hiver,
Le dos au feu, le ventre à table.

La richesse est chose assez belle,
Et l'or trouve beaucoup d'amis ;
Mais le bonheur est-il fidèle,
O fortune, à tes favoris ?
Plutus ne rend pas plus aimable
Ce sot qui s'enfle en nous grugeant ;
Et j'ai toujours assez d'argent,
Le dos au feu, le ventre à table.

La gloire qu'Apollon dispense
N'enflamme point ma vanité ;
Une obscure et douce existence
Vaut mieux que la célébrité.
L'Académie est respectable ;
Y siéger flatte un noble orgueil ;
Mais on n'a pas, dans le fauteuil,
Le dos au feu, le ventre à table.

Qu'un ambitieux est à plaindre !
Il s'élève, c'est pour tomber.
Je ne sais pas flatter et feindre ;

Mon dos ne sait point se courber.
Est-il pour moi sort préférable
A celui de me voir admis
Au milieu d'excellens amis,
Le dos au feu, le ventre à table ?

Par fois ma muse se néglige ;
Son style n'est point apprêté.
Grimaçant quand elle corrige,
Son art est la facilité.
Dans un enjoûment véritable,
Je laisse couler mes couplets ;
Avec Bacchus je les ai faits
Le dos au feu, le ventre à table.

LE MAL D'AMOUR.

ROMANCE.

N'avoir qu'une seule pensée,
N'éprouver qu'un seul sentiment ;
Avoir toujours l'ame oppressée,
Par un chagrin plein d'agrément ;
Voir et sentir toujours de même,

Matin et soir, la nuit, le jour,
Voilà comme on est quand on aime ;
Voilà le mal qu'on nomme amour.

Quitter sa belle avec tristesse
Et vouloir être au lendemain.
La revoir avec même ivresse,
Trembler en lui donnant la main
Eprouver un plaisir extrême,
Lorsqu'on est payé de retour,
Voilà comme on est quand on aime ;
Voilà le mal qu'on nomme amour.

Regarder comme un bien suprême
La plus légère des faveurs,
Puis ressentir un trouble extrême
A la moindre de ses rigueurs.
Pleurer, rire, espérer et craindre
Jouir et souffrir tour-à-tour,
Si c'est un mal faut-il se plaindre ;
C'est le vrai mal qu'on nomme amour.

ROMANCE.

Air connu.

Au bord de la Durance,
Pensif et voyageur ;
J'errais sans espérance,
Et cherchais le bonheur ;
Vers la rive prochaine
Ramené nuit et jour ;
Je pressentais la chaîne
Que me gardait l'amour.

Sous un épais feuillage,
J'ai vu briller tes yeux ;
Ainsi dans le boccage
Perce un rayon des cieux,
Comme ses feux dans l'ombre
Font éclore une fleur,
Tes yeux dans ce bois sombre.
Ont embrâsé mon cœur.

ROMANCE.

Jeune beauté, d'humeur légère,
Change à Paris de sentiment ;
Par vanité, par caractère,
Ou par amour du changement :
Mais aujourd'hui je crois qu'en France,
Je crois même qu'en tout pays,
Je crois même, je crois même qu'en
      tout pays,
Les femmes en fait de constance
Sont presque toutes de Paris.

Loin de Paris prends une femme,
Vous diront les hommes prudents ;
Là, tu pourras fixer son ame,
Sans redouter les accidents ;
Mais consultons partout en France
Et les amans et les maris,
Les amans et surtout les maris ;
Leurs femmes en fait de constance
Sont presque toutes de Paris.

L'

LA TRUFFE

ET LA POMME DE TERRE.

Air : *V'là c'que c'est qu'l'exactitude.*

Dans l'office d'un grand seigneur,
La Truffe, un jour, vit avec peine
L'humble fruit qui du laboureur
Fournit la table toujours saine.
La *Pomme de Terre* parlait ;
La Truffe se mit en colère.
Que disaient-elles, s'il vous plaît ?
Ecoutez, dans l'autre couplet,
La Truffe et la Pomme de terre.

—Comment vous portez-vous, ma sœur ?
— Moi, votre sœur ! quel ridicule !
—Ma sœur, vous prenez de l'humeur…
— Vous m'insultez, vil tubercule !
—Pourquoi donc vous fâcher ? Vraiment
Nous sortons de la même mère.
— Je vous renie absolument ;

Ciel ! comparer insolemment
La Truffe et la Pomme de terre !

—Mais pourtant de nos corps, ma sœur,
La forme est à peu près semblable.
—Oui, peut-être, pour la grosseur,
Car en moi tout est préférable :
Mon parfum est délicieux ;
A tous les gourmands je suis chère.
— Ma noble sœur, ouvrez les yeux;
Je veux vous faire juger mieux
La Truffe et la Pomme de terre.

Utile dans chaque maison,
Par une heureuse destinée,
Quand vous n'avez qu'une saison,
L'on me trouve toute l'année.
—J'habite le palais des grands.
— Je me plais dans l'humble chaumière
— Misérable ! je vous y prends !
Ne mettez plus aux mêmes rangs
La Truffe et la Pomme de terre.

— Ah ! ma sœur, ne vous vantez pas
D'un sort qui n'éblouit personne ;

On préfère à vos grands repas
Ceux que l'appétit assaisonne.
— Arrêtez, profane, arrêtez !
Je soutins plus d'un ministère.
— Moi, je soutiens nos libertés.
— Truffe j'ai fait des députés.
— Honneur à la Pomme de terre.

Pendant la conversation,
Survint une affreuse disette ;
Des truffes sans protection
A peine un Crésus fit emplette ;
Tandis que nos champs généreux
D'une ressource salutaire,
Présentant les trésors nombreux,
Nourrirent tous les malheureux
  Sauvés par la Pomme de terre.

L'IGNORANTE.

ROMANCE.

La fleur de son village
Ma Lusette à quinze ans,

6.

On voit sur son visage
Les roses du printemps ;
Sa douce voix enchante,
Elle a tout pour charmer,
Et la pauvre ignorante,
Pourtant ne sait qu'aimer. *bis.*

Oui, ma Lusette ignore
Si son cœur peut haïr,
Elle ne sait encore,
Ni feindre, ni trahir ;
Un mot de l'innocente
Suffit pour m'enflammer
Et la pauvre ignorante
Pourtant ne sait qu'aimer.

Belle, vive et coquette,
Je conviens que Cloris,
Bien mieux que ma Lusette
Saura plaire à Paris.
Oui, Cloris est charmante,
Mais dût-on me blâmer,
J'aime mieux l'ignorante
Dont le cœur sait aimer.

AIR DU BARBIER DE SÉVILLE.

Place au factotum de la ville,
Place, la, la, la, la, la, la, la, la, la la.
Vite au travail, on s'éveille à Séville,
Vite, la, la, la, la, la, la, la, la, la, la;
La belle vie en vérité
Pour un barbier de qualité.
Ah! que mon sort est digne d'envie!
Bravo! la, la, *(10 fois.)*
Et ma gaîté jamais ne finira,
Non, non, la la, *(10 fois.)*
Et ma gaîté jamais ne finira.   *bis.*
La le ran la, la le ran la le ran la
Le ran la le ran la le ran la.
Venez, venez à ma boutique,
Pauvres malades, venez-là;
Prenez, prenez mon spécifique,
De tous les maux il vous guérira,
La le ran la, *(6 fois)*
Faut-il donner un coup de peigne,
Messieurs, on est bientôt servi,
Ordonne-t-on que l'on vous saigne,

Je puis vous opérer aussi ;
Et puis toujours faveurs nouvelles,
Avec les galans, avec les belles,
Avec les belles la le ran la la,
Avec les galans la le ran la la la,
La belle vie en vérité,
La belle vie ! pour un barbier de qualité,
    de qualité.
De toute parts on me demande,
En milles lieux il faut que je me rende ;
Cher Figaro, dépêchez-vous
Allez porter ce billet doux.
Vîte la barbe et vîte un coup de peigne ;
Ah ! je me meurs, il faut que l'on me
    saigne,
    Dépêchez-vous
Allez porter ce billet doux.
Hé ! Figaro, grâce,
Comment voulez-vous que je fasse ?
Ah ! laissez-moi respirer. (*3 fois.*)
    Figaro me voici !
Eh ! Figaro ? me voilà ;
Figaro ci, Figaro là, (*4 fois.*)
A vous servir voyez que je m'empresse,
Je voudrais bien redoubler de vîtesse ;
Qu'avez-vous donc à désirer *bis.*

Ah! bravo Figaro, bravo bravissimo. *bis*.
A la fortune, à la fortune
En peu d'instant tu vas voler, *bis*.
Tu vas voler. (4 fois.)

AIR DU BARBIER DE SÉVILLE.

C'est d'abord rumeur légère,
Un petit vent rasant la terre;
Puis doucement vous voyez calomnie,
Se dresser, s'enfler, s'enfler en grandissant.
Fiez-vous à la maligne envie
Ses traits lancés adroitement;
Piano, piano, piano, piano, piano par un léger murmure,
D'absurdes fictions;
Font plus d'une blessure
Et portent dans les cœurs le feu de leurs poisons. *bis*.
Le mal est fait, il chemine, il s'avance,
De bouche en bouche il est porté
Puis *rinforzand'* il s'élance,
C'est un prodige en vérité.

Mais enfin rien ne l'arrête,
C'est la foudre, la tempête ; } *bis.*
Un crescendo public, un vacarme infer-
 nal, un vacarme infernal ;
Elle s'élance, tourbillonne,
Étend son vol, éclate et tonne,
Et de haine aussitôt un chorus général ;
De la proscription a donné le signal,
Et l'on voit le pauvre diable
Menacé comme un coupable,
Sous cette arme redoutable,
Tomber, tomber terrassé.
Et l'on voit le pauvre diable. *(7 fois.)*

AIR DU BARBIER DE SÉVILLE.

Vous voulez donc que je dépeigne
Et ma boutique et mon enseigne,
Numéro vingt, belle façade,
Vitrage en plomb, troisième arcade ;
Maintes perruques, fine pommade.
On voit écrit sur un tableau
Le nom brillant de Figaro.

Numéro vingt, etc.

AIR DE GUILLAUME TELL.

O ma chère patrie,
O mon père en ce jour;
Melcktal vous sacrifie
Son bonheur, son amour;
Et toi, chère Marie,
Pardonne, si mon cœur
Sacrifie à l'honneur
Le doux serment qui nous lie.   *bis.*
Mon père, ma patrie,
En ce jour douloureux;
M'ordonnent tous les deux
Que je me sacrifie.
Oui, j'en atteste les cieux,
La Suisse dans mes vœux
Ne sera point trahie,
Non, non chère patrie.
Ne crains pas qu'en ce jour
Mon cœur te sacrifie,
Te sacrifie aux charmes de l'amour,
Aux charmes de l'amour. *(3 fois.)*
Je vous consacre ma vie,

Ce n'est point un pénible effort ;
De mourir pour venger son père et la patrie.
Et si bientôt une flèche ennemie
Dans les combats viens terminer mon sort,
Chère Marie, ah ! dis avec transport
Que Melcktal fut digne d'envie.
Il eut la plus heureuse vie
Et la plus glorieuse mort.

ROMANCE DE MARIE.

Une robe légère
D'une entière blancheur,
Un chapeau de bergère,
De nos bois une fleur ;
Ah ! telle est la parure
Dont je suis enchanté,
Et toujours la nature
Embellit la beauté,
Oui, toujours la nature
Embellit, embellit la beauté.

Crois-tu donc que mon Emilie

Puisse devenir plus jolie ?
Que ces plumes et ces bijoux
Cette ceinture en broderie,
Cette belle écharpe d'Asie,
Rendent jamais ses traits plus doux ?
Non, non c'est une chimère
C'est une chimère, non, non, non, une
    robe légère
D'une entière blancheur ;
Un chapeau de bergère,
De nos bois une fleur ;
Ah ! telle est la parure
Dont je suis enchanté,
Et toujours la nature
Embellit la beauté
Embellit, embellit la beauté.

COUPLETS DE MARIE.

Sur la rivière
Comme mon père
Je suis meûnier
De mon métier,
J'travaille et chante,

L'ame contente,
Car mon moulin
M'donne du pain.
De ma boutique *bis*.
J'aim' la musique.
Tic tac tic ticque tic tac, etc.

Quand une fille
Fraîche et gentille
Vient au moulin
Porter son grain
Pendant l'ouvrage
J'y rends hommage ;
Et je m'y prends ben
Car j'sy malin..
Puis ma pratique   *bis*.
Dit c'est unique,
Mon cœur fait tic tac ticque tic tac,
    ticque, etc,

ROMANCE DE LEICESTER.

Un seul instant, ô ma noble maîtresse,
De ton sujet daigne écouter la voix ;
L'Europe entière admirant ta sagesse,
Déjà te place au-dessus de ses rois.
Ah ! sois par ta clémence
Digne de ce haut rang,
Un grand roi qu'on offense, } bis.
Se venge en pardonnant.

Ton sceptre seul n'est pas ce qu'on adore,
Et si le ciel t'enlevait tes états,
Par ta beauté tu régnerais encore,
Qui t'oublia ne te méritait pas,
Que ton indifférence
Soit son seul châtiment,
L'amour que l'on offense
Se venge en pardonnant.

FIN.

TABLE.

Enfoncés.	3
La fin du jour.	5
Romance de Fiorella.	7
Venez, venez jeunes amans.	9
Ire. Barcarolle de Masaniello.	11
IIme. Barcarolle.	12
Si d'un pêcheur Napolitain.	13
Notre-Dame du Mont Carmel.	14
Arbre mourant, victime des orages.	15
Romance de la bergère châtelaine.	17
Air du Colporteur.	20
Romance du Colporteur.	21
Viens, gentille Dame.	22
Le Palais-Royal.	23
Laure à son perroquet.	25
Serment d'amour.	27
Romance de Louisa.	28
L'on voit voltiger sur la rose.	29

L'hermite du hameau voisin.	30
Air des Maris Garçons.	32
Finale du premier acte de Masaniello.	
	33
Romance de Masaniello.	35
Finale du deuxième acte.	36
A sa fille disait Lucrèce.	40
Récitatif du quatrième acte.	41
Finale du quatrième acte.	44
Ma Nacelle.	47
Les bâtons.	50
Mes amis, je veux vivre en sage.	52
Le retour du Paladin.	54
Barcarolle de Marie.	56
Romance du Maçon.	57
Le bon Pasteur.	58
Le retour de Pierre.	60
La petite Mendiante.	61
Le Secret.	63
Versez encore.	65
Heureux climat, beau ciel de l'Italie.	67

Barcarolle de Fiorella. 6

Ronde des Pèlerins de Fiorella. 7

J'ai vu briller la faible aurore. 7

N'amaraï plus, disié Sophie. 7

Le dos au feu, le ventre à table. 7

Le mal d'amour. 7

Au bord de la Durance. 7

Jeune beauté d'humeur légère. 80

La Truffe et la Pomme de terre. 8

L'ignorante. 8

Place au factotum de la ville. 8

C'est d'abord rumeur légère. 8

Vous voulez donc que je dépeigne. 8

Air de Guillaume Tell. 89

Romance de Marie. 9

Couplets de Marie. 9

Romance de Leicester. 9

FIN DE LA TABLE.

www.ingramcontent.com/pod-product-compliance
Lightning Source LLC
LaVergne TN
LVHW050628090426
835512LV00007B/728